CAMINANDO
— CON —
DIOS

ROMPA LOS CICLOS.

CONSTRUYA UN LEGADO.

CAMINE CON DETERMINACIÓN

ROBERT MALLARD

Número de la Biblioteca del Congreso: 2026901777

Publicado por:

DBORAH CONCEPTS LLC

30 N. Gould St Ste. R

Sheridan, Wyoming 82801

Estados Unidos

Sitio web: www.dborahconcept.co

Derechos de autor: DBORAH CONCEPTS LLC

Fundación Honey Co (Donar)

Tabla de Contenido

PRÓLOGO

Alo largo de cada generación, Dios levanta voces, personas que no solo proclaman la fe, sino que la viven de una manera que inspira a los demás a alcanzar metas más altas. Robert Mallard es una de esas voces. Su trayectoria, desde el campo de batalla al campo misionero, de soldado a servidor, es un testimonio de lo que sucede cuando un hombre decide rendir completamente su vida al llamado de Dios.

Caminar con Dios no es simplemente un libro. Es un salvavidas. Un manual. Un arma. Es una guía clara para quienes estén cansados de la espiritualidad superficial y estén listos para la transformación. A lo largo de estas páginas, Robert no suaviza el camino. Por el contrario, comparte con franqueza sus experiencias con una honestidad cruda y una fe audaz, invitando a los lectores a profundizar, ser más fuertes y caminar más cerca del Padre.

A lo largo de cada capítulo, descubrirá pasos prácticos, historias relevantes y verdades inquebrantables. Aprenderá a orar con poder, a luchar con autoridad, a perdonar con libertad y a obedecer con alegría. Tanto si se encuentra en una etapa de crecimiento como si está dando sus primeros pasos, este libro le ofrece dirección y fundamento.

La autoridad de este mensaje no proviene únicamente del conocimiento de la Palabra, sino de una vida que ha sido moldeada por ella. Robert es una voz de disciplina, valentía, amor y fe inquebrantable. Escribe como líder, esposo, padre y soldado de Cristo.

Si usted está listo para dejar de vagar y comenzar a caminar, con propósito, convicción y con Dios, este libro le acompañara en ese proceso.

Este es el momento de avanzar.

Con gran expectación,

Robert Mallard

DEDICATORIA

Este libro está dedicado a mi amada esposa, Radiah Mallard, y a sus tres queridas compañeras de fe, a quienes considero "amigas de Daniel": Shia Taylor, Tionna Henley y Jodi-Ann Bigby. Durante la Conferencia Millions 2024 organizada por Tiphani Montgomery, el Espíritu Santo me permitió compartir con Shia un proceso espiritual profundo, un caminar con DIOS que se convirtió en una práctica constante y transformadora en nuestras vidas. Fue ella quien me animó a escribir este libro, a compartir este viaje con otras personas que puedan estar buscando, o esperando una señal para comenzar.

Agradezco a YAHUAH (**DIOS de Abraham, Isaac y Jacob**) por los encuentros divinos y las conexiones fieles que surgieron en esa conferencia. No hay coincidencias en el reino de Dios. Todo viaje tiene un punto de partida. El mío comenzó en enero de 2023, cuando Dios nos llamó a Radiah y a mí al ministerio. Desde entonces, he comprendido que muchas personas nunca llegan a comenzar la misión que Dios ha depositado en sus corazones. Algunas se demoran tanto que se les acaba el tiempo. Este libro está dedicado a quienes están listos para comenzar. Si sabe que no está viviendo según el propósito que Dios ha diseñado para usted, le animo a que haga una pausa, ore y le pida dirección.

Como dice **Santiago 1:5-8 (SRV-BRG)**: "Y si alguno de vosotros tiene falta de sabiduría, demándela á Dios, el cual da á todos abundantemente, y no zahiere; y le será dada. Pero pida en fe, no dudando nada."

INTRODUCCIÓN

Caminar con Dios es una guía espiritual dirigida a creyentes que desean una relación más profunda e íntima con el Altísimo. Está pensada como un acompañamiento para el alma cansada, el espíritu hambriento y para aquellos que reconocen que hay más en la vida que la religión rutinaria. A lo largo de estas páginas encontrarán consejos prácticos, historias personales y pasos concretos que les ayudarán a construir su camino con Dios.

Mi objetivo es ayudarle a construir una base de fe lo suficientemente fuerte como para resistir las tormentas más feroces de la vida. Al mejorar sus disciplinas espirituales y comprometerse con la Palabra de Dios de maneras nuevas y profundas, descubrirá el propósito, la paz y el poder.

Como dice **Isaías 55:11 (SRV-BRG)**: "Así será mi palabra que sale de mi boca: no volverá á mí vacía, antes hará lo que yo quiero, y será prosperada en aquello para que la envié."

Tanto si es nuevo en la fe, como si regresa después de un tiempo alejado o simplemente busca profundizar, este libro es para usted. No es solo un manual, es un movimiento.

EL VIAJE DEL AUTOR:

Mi esposa Radiah y yo somos veteranos de combate, y servimos como suboficiales en el Ejército de los Estados Unidos. Desde el campo de batalla hasta el campo misionero, nuestro viaje ha sido de todo menos ordinario. Hemos experimentado la fidelidad de Dios a través del peligro, la decepción y la reorientación divina.

Cuando nos conocimos, primero fuimos amigos. Con el tiempo, el amor creció a partir de la amistad, y Dios unió nuestras dos vidas en un solo propósito. **Marcos 10:9 (SRV-BRG)** nos recuerda: "Pues lo que Dios juntó, no lo aparte el hombre."

Juntos hemos formado una familia mixta, criando a cuatro hijos adultos, responsables y temerosos de Dios. Ahora dirigimos una empresa inmobiliaria familiar en Columbus, Georgia. Sin embargo, más allá de cualquier logro profesional, comprendimos que nuestra verdadera identidad no estaba definida por el éxito empresarial, sino por nuestro llamado a servir al Reino de Dios. A comienzos de 2023, ese llamado se hizo inconfundible. Al igual que la promesa de **Joel 2:28**, estas visiones no eran solo simbólicas, sino que eran instrucciones.

A pesar del éxito en el mercado, comenzamos a enfrentar obstáculos inesperados. La financiación se detuvo, relaciones clave se enfriaron y puertas que antes parecían abiertas se cerraron sin explicación aparente. En uno de esos momentos, tuve un sueño particularmente revelador. En él, Satanás ofrecía un regreso a lo conocido y cómodo, pero a costa de renunciar a nuestra misión. Me negué. Y a partir de ese momento, la

"

guerra espiritual se intensificó.

Sin embargo, también lo hizo nuestra claridad. Aprendimos que cuando el enemigo ataca su misión, es una confirmación de que está caminando con un propósito. Cada puerta cerrada era una redirección de DIOS. Cada desafío era una oportunidad para elegir la fe.

Este libro nace de la obediencia y de una fe probada por el fuego. Es un llamado a levantarse, a caminar con Dios cada día y a no soltar nunca su mano.

Qué esperar:

Espere ser desafiado. Espere ser animado. Espere ser transformado.

Leerá historias reales de transformación. Encontrará pasajes de las Escrituras que cobran vida en el contexto de las luchas de la vida moderna. Obtendrá herramientas para una fe práctica que se manifiesta en sus relaciones, su trabajo, su salud y su propósito.

Cada capítulo se basa en el siguiente, ayudándole a:

- Comprender los fundamentos de la fe.
- Fortalecer hábitos diarios como la oración, el estudio y la escritura de un diario
- Superar las dudas y los ataques espirituales
- Profundizar su sentido de vocación y comunidad
- Dejar un legado de obediencia y audacia

Deja que este libro sea tu espejo espiritual, tu brújula y tu espada. Rezo para que, al leerlo, escuches la voz de Dios con mayor claridad, sigas más de cerca a Su Espíritu y camines con Él con mayor valentía.

En el nombre de Yahushua (**Jesucristo de Nazaret**),

Robert Mallard

CAPÍTULO 1

COMENZANDO EL VIAJE

Comprender la fe

Caminar con Dios es vivir por la fe, no solo creer en Él, sino confiar activamente en Él. **Hebreos 11:1 (SRV-BRG)** define la fe como "Es pues la fe la sustancia de las cosas que se esperan, la demostración de las cosas que no se ven". La fe significa confiar en las promesas de Dios incluso cuando las circunstancias dicen lo contrario. Es confiar en que Su plan es mejor que el nuestro, incluso cuando no vemos el panorama completo.

Este viaje requiere rendirse y alinearse. Se trata de soltar el control y permitir que Dios guíe cada paso, sabiendo que Sus caminos son más elevados que los nuestros (**Isaías 55:9**). La fe no es pasiva, es activa. Como nos dice **Santiago 2:17**: "Así también la fe, si no tuviere obras, es muerta en sí misma." Caminar con Dios significa vivir nuestras creencias en nuestras acciones, palabras y decisiones.

Puntos de partida

Todo viaje comienza con un primer paso. Aquí hay tres prácticas fundamentales que le ayudarán a afianzar su caminar con Dios:

Oración

La oración es nuestro salvavidas hacia el Padre. A través de ella expresamos nuestras necesidades, escuchamos Sus instrucciones y crecemos en intimidad con Dios. **Filipenses 4:6 (SRV-BRG)** dice: "Por nada estéis afanosos; sino sean notorias vuestras peticiones delante de Dios en toda oración y ruego, con hacimiento de gracias."

Empieza por lo sencillo. Dedica tiempo cada día a hablar con Dios. Háblale como lo harías con un amigo de confianza, pero también mantén la calma para escuchar. Él sigue hablando.

Meditación

La meditación espiritual nos ayuda a silenciar el ruido y a centrarnos en la presencia de Dios. El **Salmo 46:10** dice: "Estad quietos, y conoced que yo soy Dios." Se trata de algo más que de la quietud física: es sensibilidad espiritual.

Seleccione un versículo de las Escrituras y medite en él con intención. Deje que penetre en su espíritu. Pregunte al Espíritu Santo qué significa para su vida en este momento. Esta práctica fortalece el discernimiento y fomenta la paz interior.

El estudio de la Palabra

La Biblia es nuestro plan de vida. Nos equipa, nos convence y nos conecta con el corazón de Dios. **2 Timoteo 3:16-17 (SRV-BRG)** nos dice: "Toda Escritura es inspirada divinamente y útil para enseñar, para redargüir, para corregir, para instituir en justicia."

No la lea apresuradamente. Deje que la Palabra le lea a usted mientras la lee. Subraye versículos. Tome notas. Haga preguntas. Considere comenzar por Génesis, Salmos, Proverbios o los Evangelios.

Reflexión personal

Tómese el tiempo para evaluar honestamente dónde se encuentra en este momento. ¿Está caminando en la fe o permaneciendo inmóvil por temor? ¿Está buscando la voluntad de Dios o haciendo lo que le resulta cómodo?

El **Salmo 139:23-24 (SRV-BRG)** ofrece la oración perfecta para este momento: "Examíname, oh Dios, y conoce mi corazón: Pruébame y reconoce mis pensamientos: Y ve si hay en mí camino de perversidad, Y guíame en el camino eterno."

Escriba sus pensamientos. Establezca metas para su crecimiento espiritual. Invite a otros a que le ayuden a rendir cuentas. No se trata de alcanzar la perfección, sino de progresar.

Ánimo para el camino

Comenzar su camino con Dios puede resultar intimidante. Pero no está solo. **Isaías 41:10 (SRV-BRG)** dice: "No temas, que yo soy contigo; no desmayes, que yo soy tu Dios que te esfuerzo: siempre te ayudaré, siempre te sustentaré con la diestra de mi justicia."

Cada oración, cada pasaje leído y cada acto de obediencia le acerca más a Su propósito. Confíe en el proceso. Lo que hoy parece difícil está siendo utilizado para formar, refinar y fortalecer su fe.

Oremos:

Oración

Padre Celestial

Gracias por llamarnos a caminar con usted. Fortalezca nuestra fe. Atraiga a nosotros su Palabra. Enséñenos a escuchar su voz y a obedecerla. Quite el temor y reemplácelo con valentía. Ayúdenos a caminar no por lo que vemos, sino por la fe.

Declaramos **el Salmo 119:105 (SRV-BRG):** "Lámpara es á mis pies tu palabra, Y lumbrera á mi camino."

Le entregamos nuestros corazones, nuestros planes y nuestro pasado. Guíenos hacia el propósito que ha dispuesto para nosotros.

En el nombre de Yahushua **(Jesucristo de Nazaret)**, Amén.

CAPÍTULO 2

CONSTRUIR UNA RELACIÓN CON DIOS

Construir una relación con Dios tiene que ver con la constancia, la humildad y la entrega. Como cualquier relación, se nutre de la interacción diaria, la honestidad y las experiencias compartidas. Pero a diferencia de las relaciones humanas, esta nos transforma desde dentro porque nos conectamos con el Creador de todas las cosas.

Prácticas diarias

A continuación, se presentan algunos hábitos diarios que le ayudarán a cultivar una relación más cercana con Dios:

Oración: Hazla su prioridad. Hable con Dios de todo: sus esperanzas, sus miedos, sus luchas y sus triunfos. No se trata de palabras elocuentes, sino de un corazón sincero. Filipenses 4:6 nos recuerda que llevemos todas las cosas a Dios en oración.

Arrepentimiento: Mantenga una relación cercana con Dios. Cuando el Espíritu Santo le convenza, responda. El arrepentimiento no es vergüenza, es libertad. **Hechos 3:19** dice: "Así que, arrepentíos y convertíos, para que sean borrados vuestros pecados."

Perdona a los demás y a ti mismo: El perdón es sanidad. **Marcos 11:25** nos recuerda que debemos perdonar para que nuestras propias oraciones no se vean obstaculizadas.

No solo perdone a los demás, sino que también deje ir la culpa y reciba la misericordia de Dios para usted mismo.

Asuma la responsabilidad: Asuma su papel en el pecado y el quebrantamiento. Deje de culpar a los demás. Confiese su parte con honestidad. **1 Juan 1:9** dice: "Si confesamos nuestros pecados, él es fiel y justo para que nos perdone nuestros pecados."

Acepte la corrección y las consecuencias: No huya de las consecuencias del pecado. Acéptelas como disciplina de un Padre amoroso que corrige a los que ama **(Hebreos 12:6)**.

Pida misericordia: Incluso en el juicio, Dios es misericordioso. Clame como David en el **Salmo 51:1**: "Ten piedad de mí, oh Dios, conforme á tu misericordia."

Meditación: Tranquiliza tu espíritu. Medita con un versículo. Deja que moldee tu forma de pensar y tu actitud. La meditación conduce a la revelación.

Lea las Escrituras: Este es su alimento espiritual. Comience cada día con la Palabra y deje que guíe sus decisiones. El **Salmo 119:11** dice: "En mi corazón he guardado tus dichos, para no pecar contra ti."

Estas prácticas no son casillas que hay que marcar, sino salvavidas para alcanzar la intimidad con el Padre. La constancia en estos hábitos profundizará su conciencia de Su presencia y alineará su vida con Su voluntad.

Escuchar a Dios

Construir una relación no se trata solo de hablar, sino también de escuchar. Dios habla de muchas maneras: a través de Su Palabra, a través de las personas, a través de las circunstancias y a través de esa voz suave y apacible en nuestro interior.

1 Reyes 19:12 nos recuerda que Dios no estaba en el viento, ni en el terremoto, ni en el fuego, sino en el susurro suave. Para escucharle, debemos silenciar el ruido de la vida. Dedique tiempo cada día a estar en silencio, libre de distracciones. Pídale a Dios que le hable y escriba lo que sienta. Él no se esconde, está esperando.

Escribir un diario

Escribir un diario es una de las formas más poderosas de seguir su crecimiento espiritual. Escriba sus oraciones. Anote sus sueños e impresiones. Reflexione sobre las escrituras que le llegan al corazón.

Cuando Dios responda una oración o le revele algo, escríbalo. Esto fortalece la fe. En **Habacuc 2:2 (SRV-BRG)**, el Señor dijo: "Escribe la visión, y declárala en tablas, para que corra el que leyere en ella."

El avance de Keisha

Keisha era una madre soltera que atravesaba dificultades económicas y agotamiento espiritual. Todas las mañanas rezaba, pero nunca se detenía a escuchar. Un día, durante su tiempo de oración, se sentó en silencio y sintió la necesidad de escribir. Lo que comenzó como pensamientos dispersos se convirtió en una conversación con Dios.

Durante el mes siguiente, Keisha llevó un diario de sus oraciones y reflexiones. Se dio cuenta de patrones, oraciones respondidas e incluso advertencias que había pasado por alto. Su diario se convirtió en su salvavidas. Le ayudó a sentirse vista por Dios y la preparó para afrontar cada día con una paz renovada.

El encuentro de Marcus

Marcus era un joven universitario que luchaba contra la tentación y la presión de sus compañeros. Su mentor le retó a meditar sobre un versículo a la semana y a escribir en un diario lo que aprendía. Al principio, le parecía una tarea pesada. Pero poco a poco, Marcus empezó a oír la voz de Dios con más claridad.

Una noche, después de escribir en su diario sobre **Romanos 12:2**; "Y no os conforméis á este siglo...", Marcus rechazó una invitación a una fiesta que siempre le había dejado vacío. Ese pequeño paso de obediencia cambió todo su semestre. Descubrió que una mente renovada realmente conduce a una vida transformada.

Palabra final sobre las relaciones

Como cualquier relación, caminar con Dios requiere tiempo, compromiso y gracia. No se desanimen por las temporadas de sequía. Perseveren. Sigan orando. Sigan escribiendo en su diario. Sigan escuchando. Él está más cerca de lo que creen.

CAPÍTULO 3

SUPERAR LOS DESAFÍOS

La guerra espiritual es real. Lo reconozca o no, cada día se libra una batalla invisible por su propósito, su paz y su progreso. **Efesios 6:12** nos recuerda: "Porque no tenemos lucha contra sangre y carne; sino contra principados, contra potestades, contra señores del mundo, gobernadores de estas tinieblas, contra malicias espirituales en los aires."

Este capítulo trata sobre cómo aprender a luchar, y ganar, utilizando armas espirituales, manteniéndose firme en las promesas del pacto y comprendiendo los derechos legales que el enemigo puede tener cuando nos alejamos de la alineación con Dios.

Comprender la guerra espiritual

La guerra espiritual no es un concepto abstracto ni sensacionalista, sino una realidad que exige madurez y enfoque. Muchas de las dificultades que se manifiestan en lo cotidiano, confusión persistente, temor, división, estancamiento o desgaste interior, pueden tener raíces espirituales que requieren atención y discernimiento.

Pero la buena noticia es esta: Dios nos ha equipado con todo lo que necesitamos para contraatacar. La oración, el ayuno, la adoración, la obediencia y la Palabra son armas. Pero lo más importante es que nuestro poder proviene de nuestro pacto con

Dios a través de Yahushua.

Los tribunales del cielo

La Biblia utiliza un lenguaje jurídico para describir los asuntos espirituales. El enemigo, Satanás, es mencionado como el acusador **(Apocalipsis 12:10)**, que presenta casos contra nosotros. Si rompemos el pacto con Dios a través del pecado, la desobediencia o la falta de perdón, le damos al enemigo el derecho legal de atormentarnos o retrasarnos.

El arrepentimiento elimina el caso del enemigo. Cuando confesamos nuestros pecados e invocamos la sangre de Yahushua, se revoca el derecho legal. No se trata de ser perfecto, sino de mantenerse en una posición correcta ante el Juez de toda la tierra.

Maldiciones generacionales y pecado ancestral

A veces, nos enfrentamos a batallas que tienen su origen en los pecados de su linaje. Éxodo 34:7 (SRV-BRG) habla de las iniquidades transmitidas a la tercera y cuarta generación. Estas maldiciones generacionales pueden manifestarse en forma de patrones de adicción, pobreza, rebelión o relaciones rotas.

- Rompa estas maldiciones:
- Renunciar al pecado (aunque no sea suyo).
- Arrepintiéndose en nombre de su linaje
- Declarando la libertad a través de la sangre de Yahushua
- (Jesucristo de Nazaret)
- Proclamando vida y las Escrituras sobre su linaje
- Luchar contra la brujería y el ocultismo

La brujería es real, y no siempre es lo que usted cree. La manipulación, el control, las maldiciones e incluso cierta música y medios de comunicación pueden abrir portales demoníacos. **Gálatas 5:20** enumera la brujería como una obra de Satanás. Manténgase espiritualmente alerta. Limpie su casa. Proteja sus puertas (lo que ve, escucha y dice).

Si sospecha que está bajo un ataque espiritual:

- Ayune y ore **(Marcos 9:29).**

- Unte su hogar con aceite y ore en cada habitación **(¡no use salvia! Es una práctica de brujería).** ¡La PALABRA de DIOS es suficiente!

- Rompa los lazos del alma y los pactos impíos

- Usa la Palabra de Dios como tu espada **(Efesios 6:17).**

La batalla de Tyrone

Tyrone creció en un hogar donde la adicción, la violencia y la inestabilidad eran normales. Ya en la adultez seguía repitiendo ciclos que creía que eran simplemente "mala suerte". Pero durante un estudio bíblico, alguien habló sobre las maldiciones generacionales y la guerra espiritual.

Tyrone comenzó a ayunar y a orar. Se arrepintió no solo de sus pecados, sino también de los pecados de su padre y su abuelo. Renunció a todos los lazos impíos y declaró su libertad en el nombre de Yahushua **(Jesucristo de Nazaret).** En cuestión de meses, las puertas comenzaron a abrirse. Su mente se aclaró. La paz volvió a su hogar.

No fue suerte, fue alineación espiritual.

Manténganse en la lucha

La guerra espiritual no es un evento único, es un estilo de

vida de alerta, fe y resistencia. **Santiago 4:7** dice: "Someteos pues á Dios; resistid al diablo, y de vosotros huirá."

Sométanse primero. Manténganse alineados. Y resistan, no con temor, sino con autoridad.

Oremos:

Oración

Padre celestial

Gracias por equiparnos para permanecer firmes en la guerra espiritual. Expón cada ataque oculto. Quita cada derecho legal que el enemigo ha reclamado sobre nuestras vidas. Nos arrepentimos por cada puerta abierta, conocida y desconocida.

Invocamos la sangre de Yahushua (**Jesucristo de Nazaret**) sobre nuestras mentes, nuestras familias y nuestro futuro. Enséñenos a luchar con sabiduría y poder e es. Ayúdenos a caminar en victoria cada día, completamente revestidos con Su armadura.

Declaramos **Isaías 54:17**: "Toda herramienta que fuere fabricada contra ti, no prosperará."

En el nombre de Yahushua (**Jesucristo de Nazaret**), Amén.

Enfrentando las dudas

Incluso los creyentes más fervientes tienen momentos de duda. Preguntas como "¿De verdad Dios está conmigo?" o "¿Por qué tarda tanto?" pueden surgir en su mente. Dudar no es pecado, pero permanecer en la duda puede impedir que logre su propósito.

Cuando Juan el Bautista, quien bautizó a Jesús, fue encarcelado, envió un mensaje preguntando: "¿Eres tú aquél que había de venir, ó esperaremos á otro?" (**Lucas 7:19**). La duda puede llegar incluso a los más fieles. Jesús no reprendió a Juan, sino que afirmó su fe.

Combate la duda aferrándote a la verdad. Lee en voz alta las promesas de Dios. Ora para superar tu miedo. Rodéate de voces llenas de fe. La fe viene por el oír, y a veces es necesario predicarse a uno mismo.

Perseverancia

El camino cristiano no se trata de la perfección, sino de la persistencia. **Gálatas 6:9** nos recuerda: "No nos cansemos, pues, de hacer bien; que á su tiempo segaremos, si no hubiéremos desmayado."

Sigue esforzándose. Sigue creyendo. Incluso cuando no veas los frutos de inmediato, tu obediencia está sembrando semillas.

La resistencia de LaTasha

LaTasha había estado orando durante años por un cambio en su matrimonio. A veces, quería rendirse. Pero en lugar de abandonar, se apoyó en la oración y el ayuno. Escribió en su diario, ayunó y clamó a Dios.

Una mañana, su esposo, sin que ella se lo pidiera, le preguntó si podían volver a orar juntos. Lo que siguió fue una lenta pero hermosa transformación en su hogar. La perseverancia no solo preservó su matrimonio, sino que refinó su fe.

CAPÍTULO 4

DESARROLLAR LA RESILIENCIA ESPIRITUAL

La resiliencia espiritual es la capacidad de seguir caminando con Dios cuando todo a su alrededor le dice que se rinda. Es el fruto de una fe probada por el fuego, forjada en temporadas de espera, llanto y lucha. La resiliencia es lo que le sostiene cuando sus oraciones no son respondidas, cuando los ataques se sienten personales y cuando sus fuerzas se agotan.

Isaías 40:31 (SRV-BRG) declara: "Mas los que esperan á Jehová tendrán nuevas fuerzas; levantarán las alas como águilas; correrán, y no se cansarán; caminarán, y no se fatigarán."

Comprender la liberación

La liberación es el proceso por el cual Dios nos libera de la esclavitud espiritual. No se trata solo de expulsar demonios, sino de recuperar el territorio de nuestra mente, nuestro corazón y nuestra vida que fue cedido por el pecado, el trauma o la ignorancia.

La liberación comienza con el reconocimiento. Primero debe reconocer las áreas en las que se siente estancado espiritualmente, ya sea la ira, la adicción, la lujuria, el miedo, la falta de perdón o los patrones generacionales. Luego, someta esas áreas a Dios en oración y busque la libertad a través del arrepentimiento, la renuncia y la autoridad de Yahushua **(Jesucristo de Nazaret).**

Lucas 4:18 dice: "El Espíritu del Señor es sobre mí... Para poner en libertad á los quebrantados."

La liberación implica:

- Arrepentirse de los pecados conocidos y ocultos.

- Renunciar a los lazos espirituales impíos, pactos, alianzas malignas, maldiciones y acuerdos

- Eliminar los puntos de acceso (música, películas para adultos, películas gráficas, objetos de brujería, relaciones, etc.).

- Reemplazar las mentiras con la verdad de la Palabra de Dios

La libertad de Elías

Elías era un antiguo miembro de una banda que entregó su vida a Cristo, pero luchaba contra la depresión y la ira. Pensaba que salvarse lo arreglaría todo al instante. Pero las fuertes ataduras del pasado persistían.

Con la ayuda de un líder espiritual de confianza, Elías comenzó a pasar por un proceso de liberación. Ayunó. Renunció a los juramentos de sangre y a los lazos del alma. Clamó a Dios, pidiendo un corazón limpio. Con el tiempo, sintió una liberación, como si le hubieran quitado un peso de encima.

Hoy en día, Elías dirige un grupo bíblico para hombres, enseñando a otros cómo luchar por su libertad.

Desarrollar la resistencia

La resiliencia no se construye en los días buenos. Se construye cuando su fe es puesta a prueba y usted decide seguir adelante. Cuando decide adorar en medio de una tormenta. Cuando ayunas, oras y confías, incluso cuando la respuesta no llega de inmediato.

Romanos 5:3-4 (SRV-BRG) dice: "Y no sólo esto, más aún nos gloriamos en las tribulaciones, sabiendo que la tribulación produce paciencia; Y la paciencia, prueba; y la prueba, esperanza."

Deja que la adversidad te refine, no te defina. Deja que la perseverancia produzca perseverancia. Deja que cada prueba te acerque más a Dios.

Pasos prácticos para la resiliencia

- Ten un compañero de oración o un mentor que te apoye.

- Mantenga sus rutinas espirituales incluso cuando no se sienta motivado

- Proclame la Palabra de Dios sobre su situación todos los días

- Ayune regularmente para crucificar su carne.

- La resiliencia espiritual en reposo también incluye la recuperación.

Oremos.

Padre,

Gracias por la fuerza que solo Tú puedes dar. Entregamos cada área de debilidad, duda y temor. Pedimos liberación de cada fortaleza espiritual. Enséñenos a perseverar, a mantenernos firmes y a caminar contigo incluso cuando sea difícil.

Declaramos **2 Corintios 12:9:** "Y me ha dicho: Bástate mi gracia; porque mi poder se perfecciona en la debilidad."

Confiamos en que terminarás lo que comenzaste en nosotros. Fortalece nuestros corazones. Protege nuestras mentes. Y guíanos hacia la victoria.

En el nombre de Yahushua **(Jesucristo de Nazaret)**, Amén.

CAPÍTULO 5

CAMINAR EN OBEDIENCIA

La obediencia es la puerta de entrada a la bendición. Es donde la fe se convierte en acción y la creencia se demuestra a través del comportamiento. Cuando caminamos en obediencia, alineamos nuestras vidas con la voluntad de Dios e invitamos a Su poder y presencia a fluir libremente.

Juan 14:15 (SRV-BRG) dice: "Si me amáis, guardad mis mandamientos." La obediencia no tiene que ver con el legalismo, sino con el amor. Se trata de confiar en que el camino de Dios es mejor y que Sus instrucciones son para nuestro bien.

Comprender la obediencia

La obediencia a menudo requiere sacrificio. No siempre tendrá sentido. Puede que le saque de su zona de confort. Pero la obediencia abre puertas que el talento y el esfuerzo nunca podrían abrir.

Abraham obedeció y dejó todo lo que le era familiar para perseguir una promesa **(Génesis 12)**. Noé obedeció y construyó un arca en ausencia de lluvia **(Génesis 6)**. Yahushua obedeció hasta la muerte, y gracias a su obediencia, tenemos vida **(Filipenses 2:8)**.

Cuando obedecemos, le damos a Dios algo por lo que bendecirnos.

Alinearse con la voluntad de Dios

Caminar en obediencia requiere escuchar, rendirse y ajustar su vida para que coincida con la Palabra de Dios. No puede decir que ama a Dios y luego ignorar deliberadamente Sus mandamientos.

Pregúntele diariamente: "Padre, ¿hay algo en mi vida que no esté alineado con tu voluntad?" Luego, esté dispuesto a actuar. Deje que su Espíritu le convenza, le corrija y le guíe.

Romanos 12:1-2 nos recuerda que debemos presentar nuestros cuerpos como sacrificios vivos y ser transformados por la renovación de nuestras mentes para que podamos discernir la voluntad de Dios.

Obediencia en las cosas pequeñas

Muchas personas esperan un gran llamado, pero ignoran las pequeñas tareas. Dios a menudo nos pone a prueba en las cosas pequeñas antes de confiarnos las grandes.

- Dar a los pobres y a los necesitados

- Perdonar a alguien que le ha hecho daño y perdonarse a sí mismo

- Servir sin reconocimiento

- Decir la verdad con amor

Estos pequeños actos de obediencia construyen la madurez espiritual e invitan al favor de Dios.

La decisión de Jasmine

Jasmine tenía el sueño de poner en marcha un programa de mentoría para jóvenes. Seguía esperando el "momento perfecto". Una mañana, durante su tiempo de devoción, sintió que Dios le decía: "Empieza con lo que tienes en tus manos."

Invitó a tres adolescentes del vecindario a su casa para estudiar la Biblia. Un año después, tenía veinte niños con los que se reunía semanalmente. Los líderes locales comenzaron a apoyarla. Lo que comenzó como un pequeño paso de obediencia se convirtió en un ministerio próspero.

Obediencia y gratificación diferida

A veces, la obediencia no da resultados inmediatos. Pero no confunda el silencio con la ausencia. Confíe en que Dios ve su obediencia y la recompensará en Su momento perfecto.

Gálatas 6:9 (SRV-BRG) nos anima: "No nos cansemos, pues, de hacer bien; que á su tiempo segaremos, si no hubiéremos desmayado."

Oremos.

Señor,

Enséñenos a caminar en obediencia, no por temor, sino por fe. Ayúdenos a confiar en Su tiempo, a renunciar a nuestros planes y a seguir Su guía. Que seamos rápidos en obedecer, incluso cuando nos cueste algo.

Declaramos **Deuteronomio 28:1-2:** "Y será que, si oyeres diligente la voz de Jehová tu Dios... Y vendrán sobre ti todas estas bendiciones, y te alcanzarán."

Concédenos corazones que se deleiten en la obediencia y vidas que reflejen Su santidad.

En el nombre de Yahushua **(Jesucristo de Nazaret)**, Amén.

CAPÍTULO 6

DESCUBRIENDO SU VOCACIÓN

Toda persona ha sido creada con un propósito divino. No fuiste creado solo para sobrevivir, fuiste creado para servir, para brillar y para edificar el Reino de Dios en la tierra. Descubrir su vocación no se trata de alcanzar reconocimiento, se trata de ser fiel. Se trata de encontrar aquello para lo que Dios te ha preparado, que le glorifica a Él y bendice a los demás.

Jeremías 1:5 (SRV-BRG) dice: "Antes que te formase en el vientre te conocí, y antes que salieses de la matriz te santifiqué, te dí por profeta á las gentes."

Comprender su propósito

El propósito se encuentra en la intersección de los dones que Dios le ha dado, sus pasiones y las necesidades del mundo que le rodea. n la mayoría de los casos, se manifiesta progresivamente a través de la oración, la experiencia, las pruebas y la obediencia en las responsabilidades cotidianas. No persiga plataformas, persiga un propósito.

Pregúntese:

- ¿Qué me rompe el corazón o me pesa

profundamente?

- ♦ ¿Qué dones y talentos me salen de forma natural?

- ♦ ¿En qué áreas he sido llamado a servir y otros lo reconocen?

Dones espirituales y asignación

Dios nos da a cada uno de nosotros dones espirituales para servir y fortalecer el cuerpo de Cristo. **Romanos 12** y **1 Corintios 12** hablan de estos dones: liderazgo, enseñanza, exhortación, misericordia, discernimiento, sanación y más.

Para descubrir los suyos:

- ♦ Ore por revelación

- ♦ Pregunte a sus mentores espirituales o a su comunidad qué ven en usted

- ♦ Intente servir en diferentes áreas y preste atención a lo que le resulte fructífero

La dirección de Darnell

Darnell siempre pensó que debía ser pastor porque la gente le decía a menudo que tenía "la vocación". Pero tras años de frustración, se dio cuenta de que su verdadera vocación estaba en los negocios. Tenía el don de ayudar a otros a crear y administrar riqueza a la manera de Dios.

Una vez que aceptó su vocación como empresario del Reino, se le abrieron muchas puertas. Comenzó a orientar a jóvenes en materia de educación financiera y capacitación laboral. Darnell aprendió que su vocación tal vez no esté en el púlpito, pero sigue siendo un ministerio.

Audacia para dar el paso

A veces, el miedo nos impide seguir nuestro llamado. Pero

la audacia no es la ausencia de miedo, sino avanzar con fe a pesar de él. Al igual que Pedro al salir de la barca, debemos estar dispuestos a confiar en Dios más allá de nuestra zona de confort.

2 Timoteo 1:7 dice: "Porque no nos ha dado Dios el espíritu de temor, sino el de fortaleza, y de amor, y de templanza."

Su vocación le desafiará, pero también le llenará.

Oremos.

Padre,

Gracias por crearnos con un propósito. Revela los dones y las tareas que ha puesto en nosotros. Elimina toda mentira que diga que no somos dignos o que no estamos calificados. Danos audacia para caminar en lo que nos ha llamado a hacer.

Declaramos **Efesios 2:10:** "Porque somos hechura suya, criados en Cristo Jesús para buenas obras, las cuales Dios preparó para que anduviésemos en ellas."

Ayúdanos a abrazar nuestro llamado con alegría, humildad y valentía.

En el nombre de Yahushua **(Jesucristo de Nazaret)**, Amén.

CAPÍTULO 7

EL PODER DE LA COMUNIDAD

Dios no diseñó el caminar espiritual para ser vivido en aislamiento. Desde el principio, nos creó para tener relaciones, no solo con Él, sino también entre nosotros. **Eclesiastés 4:9-10** nos recuerda: "Mejores son dos que uno… Porque si cayeren, el uno levantará á su compañero."

Por qué es importante la comunidad

La comunidad nos fortalece, nos protege y nos agudiza. Nos proporciona responsabilidad, ánimo y cobertura espiritual. El enemigo prospera en el aislamiento: quiere que estén desconectados para que sean más vulnerables a sus ataques.

Hebreos 10:24-25 nos dice "Y considerémonos los unos á los otros para provocarnos al amor y á las buenas obras; no dejando nuestra congregación."

Tipos de comunidad piadosa

- ◆ La familia de la iglesia: compañerismo regular con otros creyentes que guían y caminan en la PALABRA de DIOS (¡huye de todos los ministerios que no se alinean con la PALABRA de DIOS!).

- Grupos pequeños o estudios bíblicos: Espacios seguros para crecer, aprender y orar.

- Mentores y líderes espirituales: consejo sabio y responsabilidad.

- Amistades llenas de fe: personas que dirán la verdad, desafiarán y animarán.

La conexión de Malik

Malik era cristiano desde hacía dos años, pero se sentía estancado espiritualmente. Asistía a la iglesia, pero entraba y salía sin que nadie se diera cuenta. Un día, un anciano lo invitó a un grupo de discipulado para hombres. Esa simple invitación lo cambió todo.

Malik comenzó a entablar amistad con hombres que también buscaban a Dios. Compartían sus luchas, oraban juntos y se hacían responsables mutuamente. Su crecimiento espiritual se aceleró y pronto estaba ayudando a otros a encontrar su camino.

Superar el miedo a la vulnerabilidad

La comunidad requiere transparencia. Significa permitir que los demás vean sus defectos, sus errores y sus áreas de crecimiento. Eso no es debilidad, es sabiduría.

Santiago 5:16 dice: "Confesaos vuestras faltas unos á otros, y rogad los unos por los otros, para que seáis sanos."

Servir en comunidad

Una de las mejores maneras de crecer en comunidad es servir. Participen. Utilicen sus dones para ayudar a los demás. Cuando se dedican a los demás, Dios se dedica a ustedes.

Gálatas 6:2 (SRV-BRG) dice: "Sobrellevad los unos las cargas de los otros; y cumplid así la ley de Cristo."

Oremos.

Padre,

Gracias por el don de la comunidad. Conéctanos con personas que nos desafíen, nos animen y caminen con nosotros en la fe. Sana las heridas que nos hacen temer las relaciones. Enséñanos a ser transparentes, responsables y dispuestos a crecer con los demás.

Declaramos el **Salmo 133:1**: "¡MIRAD cuán bueno y cuán delicioso es habitar los hermanos igualmente en uno!"

Ayúdanos a construir conexiones duraderas que reflejen su amor.

En el nombre de Yahushua **(Jesucristo de Nazaret)**, Amén.

CAPÍTULO 8

MANTENER EL CAMINO ESPIRITUAL

Comenzar su camino con Dios es una cosa, pero mantenerlo es otra. La vida tiene temporadas de altibajos espirituales. La verdadera fortaleza se construye cuando aprende a permanecer arraigado en ambas. **Colosenses 2:6-7 (SRV-BRG)** dice: "Por tanto, de la manera que habéis recibido al Señor Jesucristo, andad en él: Arraigados y sobreedificados en él, y confirmados en la fe."

La constancia por encima de la intensidad

La madurez espiritual no se trata de emociones intensas, sino de hábitos constantes que mantienen fuerte su espíritu. Puede que no siempre sienta el fuego, pero el combustible de la disciplina mantendrá su llama encendida.

- Comience su día con la oración

- Dedique tiempo cada día a leer y reflexionar sobre las Escrituras.

- Ayune con regularidad, no solo cuando esté en crisis, sino como estilo de vida

- Lleve un diario de su caminar con Dios

◆ Los pequeños actos realizados a diario producen grandes resultados espirituales con el tiempo.

Cómo evitar el agotamiento espiritual

Incluso Jesús se retiró para descansar y orar. Mantener su camino significa saber cuándo decir no, cuándo descansar y cuándo sentarse a los pies del Padre. El agotamiento espiritual proviene de hacer cosas para Dios sin estar con Dios.

Mateo 11:28 (SRV-BRG) dice: "Venid á mí todos los que estáis trabajados y cargados, que yo os haré descansar."

Dedique tiempo al Sabbat y respételo. Aprenda a cumplirlo, no solo a esforzarse por hacerlo. ¡Este es un mandamiento fundamental!

Responsabilidad y ajuste del rumbo

La sostenibilidad requiere estructura. Rodéese de personas que le hagan responsable. Revise sus metas espirituales. Reflexione con regularidad. Cuando se desvíe del camino, no deje que la vergüenza le detenga: arrepiéntase y vuelva.

El **Salmo 119:133** dice: "Ordena mis pasos con tu palabra, y ninguna iniquidad se enseñoree de mí."

La renovación de Brianna

Brianna estaba muy comprometida con Dios después de un retiro para mujeres. Pero seis meses después, su vida de oración se ralentizó, dejó de asistir a la iglesia y su Biblia permaneció cerrada. Se sentía avergonzada.

Entonces, un sábado, su pastor predicó sobre cómo mantener el fuego. Brianna se dio cuenta de que su relación con Dios necesitaba ritmo, no solo un renacimiento. Reestructuró sus mañanas, volvió a conectar con su grupo bíblico y renovó sus hábitos. No volvió a empezar con remordimientos, sino con gracia.

Mantenimiento espiritual

Al igual que su auto necesita cambios de aceite regulares, su espíritu necesita ajustes. Mantenga fresca su adoración. Explore nuevos estudios. Vaya a un retiro espiritual. Actualice su lista de oración. Encuentre nuevas formas de servir.

Siga creciendo. Siga fluyendo.

Oremos.

Padre,

Gracias por sostenernos. Ayúdanos no solo a empezar con fuerza, sino también a terminar bien. Construye en nosotros un ritmo de gracia, disciplina y alegría. Protégenos de las distracciones, el desánimo y la sequedad espiritual. Mantén nuestros corazones tiernos y nuestros espíritus llenos de energía.

Declaramos **Filipenses 1:6:** "Estando confiado de esto, que el que comenzó en vosotros la buena obra, la perfeccionará hasta el día de Jesucristo."

Déjanos caminar con usted todos los días, no solo en los buenos momentos, sino en todas las etapas de la vida.

En el nombre de Yahushua **(Jesucristo de Nazaret)**, Amén.

CAPÍTULO 9

DEJAR UN LEGADO DE FE

Un legado no se define únicamente por lo que una persona deja al final de su vida, sino por la manera en que vive cada día. El impacto de su camino de fe no se limita a su vida. Cada decisión de obedecer a Dios, cada acto de amor, cada oración y cada sacrificio siembra semillas para el futuro.

Proverbios 13:22 (SRV-BRG) nos dice: "El bueno dejará herederos á los hijos de los hijos; Y el haber del pecador, para el justo está guardado." Esa herencia incluye no solo las finanzas, sino también la fe, la sabiduría y los fundamentos espirituales.

Vivir más allá de uno mismo

Cuando camina cerca de Dios, su vida se convierte en un testimonio vivo. La gente observa cómo ora, cómo responde bajo presión, cómo ama a los demás y cómo sigue adelante cuando las cosas se ponen difíciles. Su coherencia dice mucho a sus hijos, a sus amigos e incluso a los desconocidos.

Su obediencia hoy puede desbloquear bendiciones para generaciones.

Fe que impacta a generaciones

Piense en Abraham. Su fe no solo cambió su vida, sino que dio origen a naciones **(Génesis 17:5).** Lo mismo ocurre con nosotros. Las oraciones que hacemos, la sanación que buscamos, la liberación en la que caminamos... no se limitan a nosotros.

Usted es el puente entre lo que se rompió en su linaje y lo que será sanado a través de Cristo. Usted es quien rompe maldiciones, quien cambia ciclos, quien edifica el Reino.

El manto de Mariah

Mariah fue la primera de su familia en seguir a Cristo. Sus padres practicaban la espiritualidad de la nueva era. Cuando se convirtió, se enfrentó a la resistencia y las burlas. Pero se mantuvo firme.

Con el paso de los años, su fe constante atrajo a su hermana, luego a su prima y, finalmente, a su madre al Reino. Mariah tenía un diario, oraba todos los días y enseñaba a sus hijos a buscar a Dios desde pequeños. Cuando sus hijos crecieron, ya impartían estudios bíblicos y dirigían cultos.

Mariah no solo cambió su propia vida, sino que cambió el rumbo de toda su familia.

Su legado comienza hoy

El legado no es algo que se escribe al final de la vida, sino algo que se construye cada día con la forma de caminar, dar, servir y amar.

Empieza ahora mismo:

- Ser un ejemplo de fe constante en su hogar.

- Escribiendo sus testimonios, sus oraciones respondidas y la historia de fe de su familia

- Bendiciendo a sus hijos y nietos

- Enseñándoles la Palabra de Dios

Deuteronomio 6:6-7 dice: "Y estas palabras que yo te mando hoy, estarán sobre tu corazón: Y las repetirás á tus hijos…"

Oremos.

Padre,

Gracias por confiar en nosotros para llevar adelante un legado de fe. Ayúdanos a ser intencionales en la forma en que vivimos, amamos y lideramos. Muéstranos cómo sembrar semillas espirituales que bendecirán a nuestras familias por generaciones.

Declaramos el **Salmo 112:1-2:** "Bienaventurado el hombre que teme á Jehová… Su simiente será poderosa en la tierra: La generación de los rectos será bendita."

Usa nuestras vidas para hacer eco de tu gloria mucho más allá de nuestro tiempo.

En el nombre de Yahushua **(Jesucristo de Nazaret)**, Amén.

CONCLUSIÓN

SIGAN CAMINANDO CON DIOS

Si han llegado hasta aquí, es porque algo en su espíritu les ha dicho: "Quiero más de Dios". Ese anhelo es santo. No lo ignoren. No lo silencien. Aviven la llama.

Este camino no siempre es fácil. Enfrentará pruebas, ataques espirituales, temporadas de silencio e incluso sus propias dudas. Pero no deje de caminar. No deje de creer. No deje de presentarse.

El **Salmo 37:23 (SRV-BRG)** dice: "Por Jehová son ordenados los pasos del hombre, y aprueba su camino..."

No está caminando a ciegas, está caminando con un propósito. Cada paso adelante es una declaración de que su fe está viva. Su testimonio se está desarrollando. Y su legado se está escribiendo.

Último encargo

Viva con intención. Ore con expectativa. Ame sin condiciones. Obedezca sin demora. Y confíe sin límites.

Que esto no sea el final, sino un nuevo comienzo. Una devoción más profunda. Una obediencia más audaz. Una búsqueda más intensa.

Oración final de consagración

Padre,

Le damos gracias por este viaje. Le damos gracias por cada lección, cada escritura, cada momento de convicción y aliento. Selle esta palabra en nuestros corazones. Deje que dé fruto en nuestras vidas.

Envíanos ahora a caminar con valentía, amar profundamente, servir fielmente y vivir con rectitud. Ayúdanos a llevar su presencia a cada espacio en el que entremos. Deja que el fuego del avivamiento comience dentro de nosotros.

Declaramos **Josué 1:9:** "Mira que te mando que te esfuerces y seas valiente: no temas ni desmayes, porque Jehová tu Dios será contigo en donde quiera que fueres."

Recibimos esta palabra. Recibimos nuestra tarea. Caminamos con usted, Yahushua **(Jesucristo de Nazaret)**, hoy y por siempre.

Amén.

Sigue caminando.

Con amor y fe,

Robert Mallard

RECURSOS ADICIONALES

Lecturas recomendadas: Lista de libros para un mayor crecimiento espiritual.

El libro de las promesas de la Biblia (versión King James) Por: Barbour Books

"Cosas que me hubiera gustado que mi padre me hubiera dicho" para hijas Por: Robert Mallard

La prisión como vía hacia la prosperidad: guía paso a paso para integrarse en la sociedad a través de los negocios Por: Robert Mallard

Serie Bee A Leader, edición militar: Cómo tener una carrera militar exitosa Por: Robert Mallard

La guía de la abeja reina para la ayuda doméstica y la armonía: una solución práctica para la mujer impulsada por la fe que lucha contra el agobio Por: Radiah Mallard

Oraciones que funcionan Por: Kevin L A Ewing

El año de la novia: estrategia sobrenatural para el avance matrimonial Por: Tiphani Montgomery

Liberando a los cautivos Por: Bev Tucker

La mafia de la iglesia Por: Makhado Sinthumule Ramabulana

Erica, primera parte: Siete años en el infierno Por: Erica

Mukisa y Timsimon Kmani

Erica, segunda parte: Dieciocho años con Lucifer Por: Erica Mukisa y Timsimon Kmani

Brujería y guerra espiritual Por: Erica Mukisa y Timsimon Kmani

Erica, cuarta parte: Muerte, infierno y cielo Por: Erica Mukisa y Timsimon Kmani

Emisión de órdenes de restricción divinas desde los tribunales del cielo Por: Dr. Francis Myles con Robert Henderson

365 oraciones y activaciones para entrar en los tribunales del cielo Por: Robert Henderson

DIOS es un intermediario Por: Derek y Ruth Prince

Recuperando el propósito original de Dios para su vida (la gran idea de Dios) Por: Myles Munroe

Referencias bíblicas: Una recopilación de pasajes clave que le ayudarán en su camino con Dios.

Referencias bíblicas para el arrepentimiento

1 Juan 1:9 – "Si confesamos nuestros pecados, él es fiel y justo para que nos perdone nuestros pecados, y nos limpie de toda maldad."

Mateo 4:17 – "Desde entonces comenzó Jesús á predicar, y á decir: Arrepentíos, que el reino de los cielos se ha acercado."

Salmo 51:10 – "Crea en mí, oh Dios, un corazón limpio, y renueva un espíritu recto dentro de mí."

Romanos 3:23 – "Por cuanto todos pecaron y están destituidos de la gloria de Dios."

Hechos 3:19 – "Así que, arrepentíos y convertíos, para que sean borrados vuestros pecados."

1 Juan 1:7 – "Mas si andamos en luz, como él está en luz, tenemos comunión entre nosotros, y la sangre de Jesucristo su Hijo nos limpia de todo pecado."

Isaías 1:18 – "Venid luego, dirá Jehová, y estemos á cuenta: si vuestros pecados fueren como la grana, como la nieve serán emblanquecidos: si fueren rojos como el carmesí, vendrán á ser como blanca lana."

Salmo 23:3 – "Confortará mi alma; Guiárame por sendas de justicia por amor de su nombre."

Mateo 3:8 – "Haced pues frutos dignos de arrepentimiento."

Referencias bíblicas para la salvación

Romanos 3:23: "Por cuanto todos pecaron, y están distituídos de la gloria de Dios."

1 Corintios 15:3-4 – "Porque primeramente os he enseñado lo que asimismo recibí: Que Cristo fué muerto por nuestros pecados conforme á las Escrituras; Y que fué sepultado, y que resucitó al tercer día, conforme á las Escrituras."

Romanos 10:9 – "Que si confesares con tu boca al Señor Jesús, y creyeres en tu corazón que Dios le levantó de los muertos, serás salvo."

Salmo 51:10 – "Crea en mí, oh Dios, un corazón limpio, y renueva un espíritu recto dentro de mí."

Romanos 10:13 – "Porque todo aquel que invocare el nombre del Señor, será salvo."

Efesios 2:8-9 – "Porque por gracia sois salvos por la fe; y esto no de vosotros, pues es don de Dios."

Referencias bíblicas para la protección y la liberación

Efesios 6:12 – "Porque no tenemos lucha contra sangre y carne; sino contra principados, contra potestades, contra señores del mundo, gobernadores de estas tinieblas, contra malicias espirituales en los aires."

Isaías 54:17 – "Toda herramienta que fuere fabricada contra ti, no prosperará; y tú condenarás toda lengua que se levantare contra ti en juicio."

Salmo 91:2: "Diré yo á Jehová: Esperanza mía, y castillo mío; Mi Dios, en él confiaré."

Lucas 10:19 – "He aquí os doy potestad de hollar sobre las serpientes y sobre los escorpiones, y sobre toda fuerza del enemigo, y nada os dañará."

Efesios 6:10-18 - Por lo demás, hermanos míos, confortaos en el Señor, y en la potencia de su fortaleza. Vestíos de toda la armadura de Dios, para que podáis estar firmes contra las asechanzas del diablo. Porque no tenemos lucha contra sangre y carne; sino contra principados, contra potestades, contra señores del mundo, gobernadores de estas tinieblas, contra malicias espirituales en los aires. Por tanto, tomad toda la armadura de Dios, para que podáis resistir en el día malo, y estar firmes, habiendo acabado todo. Estad pues firmes, ceñidos vuestros lomos de verdad, y vestidos de la cota de justicia. Y calzados los pies con el apresto del evangelio de paz; Sobre todo, tomando el escudo de la fe, con que podáis apagar todos los dardos de fuego del maligno. Y tomad el yelmo de salud, y la espada del Espíritu; que es la palabra de Dios; Orando en todo tiempo con toda deprecación y súplica en el Espíritu, y velando en ello con toda instancia y suplicación por todos los santos.

Hebreos 4:12 – "Porque la palabra de Dios es viva y eficaz, y más penetrante que toda espada de dos filos."

Salmo 34:7 – "El ángel de Jehová acampa en derredor de los que le temen, Y los defiende."

Romanos 8:37 – "Antes, en todas estas cosas hacemos más que vencer por medio de aquel que nos amó."

Referencias bíblicas sobre la sanación

Jeremías 30:17 – "Mas yo haré venir sanidad para ti, y te sanaré de tus heridas", dice Jehová.

Isaías 53:5 – "Mas él herido fué por nuestras rebeliones, molido por nuestros pecados: el castigo de nuestra paz sobre él; y por su llaga fuimos nosotros curados."

1 Pedro 2:24: "El cual mismo llevó nuestros pecados en su cuerpo sobre el madero, para que nosotros siendo muertos á los pecados, vivamos á la justicia: por la herida del cual habéis sido sanados."

Salmo 103:2-3 – "Bendice, alma mía, á Jehová, Y no olvides ninguno de sus beneficios. Él es quien perdona todas tus iniquidades, El que sana todas tus dolencias."

Mateo 8:17 – "Él mismo tomó nuestras enfermedades y llevó nuestras dolencias."

Salmo 147:3 – "Él sana a los quebrantados de corazón y liga sus heridas."

Mateo 9:20-22: La historia de la mujer que fue sanada al tocar el borde del manto de Jesús.

Salmo 41:3 – "Jehová lo sustentará sobre el lecho del dolor: Mullirás toda su cama en su enfermedad."

Santiago 5:14-15: "¿Está alguno enfermo entre vosotros? llame á los ancianos de la iglesia, y oren por él, ungiéndole con aceite en el nombre del Señor. Y la oración de fe salvará al enfermo, y el Señor lo levantará; y si estuviere en pecados, le serán perdonados."

Éxodo 15:26 – "Y dijo: Si oyeres atentamente la voz de Jehová tu Dios, e hicieres lo recto delante de sus ojos, y dieres oído á sus mandamientos, y guardares todos sus estatutos, ninguna enfermedad de las que envié á los Egipcios te enviaré á ti; porque yo soy Jehová tu Sanador."

Referencias bíblicas sobre el matrimonio

Génesis 2:24 – "Por tanto, dejará el hombre á su padre y á su madre, y allegarse ha á su mujer, y serán una sola carne."

Efesios 5:25: "Maridos, amad á vuestras mujeres, así como Cristo amó á la iglesia, y se entregó á sí mismo por ella."

Proverbios 18:22: "El que halló esposa halló el bien, Y alcanzó la benevolencia de Jehová."

Eclesiastés 4:9-12: "Mejores son dos que uno; porque tienen mejor paga de su trabajo. Porque si cayeren, el uno levantará á su compañero: mas ¡ay del solo! que cuando cayere, no habrá segundo que lo levante. También si dos durmieren juntos, se calentarán; mas ¿cómo se calentará uno solo? Y si alguno prevaleciere contra el uno, dos estarán contra él; y cordón de tres dobleces no presto se rompe."

1 Corintios 13:4-7 – "La caridad es sufrida, es benigna; la caridad no tiene envidia, la caridad no hace sinrazón, no se ensancha; No es injuriosa, no busca lo suyo, no se irrita, no piensa el mal; No se huelga de la injusticia, más se huelga de la verdad; Todo lo sufre, todo lo cree, todo lo espera, todo lo soporta."

Santiago 1:5 – "Y si alguno de vosotros tiene falta de sabiduría, demándela á Dios, el cual da á todos abundantemente, y no zahiere; y le será dada."

Filipenses 4:6-7 – "Por nada estéis afanosos; sino sean notorias vuestras peticiones delante de Dios en toda oración y ruego, con hacimiento de gracias. Y la paz de Dios, que sobrepuja todo entendimiento, guardará vuestros corazones y vuestros entendimientos en Cristo Jesús."

Colosenses 3:13 – "Sufriéndoos los unos á los otros, y perdonándoos los unos á los otros si alguno tuviere queja del otro: de la manera que Cristo os perdonó, así también hacedlo vosotros."

Efesios 5:33 – "Cada uno empero de vosotros de por sí, ame también á su mujer como á sí mismo; y la mujer reverencie á su marido."

1 Pedro 3:7 – "Vosotros maridos, semejantemente, habitad con ellas según ciencia, dando honor á la mujer como á vaso más frágil, y como á herederas juntamente de la gracia de la vida; para que vuestras oraciones no sean impedidas."

Marcos 10:9 – "Pues lo que Dios juntó, no lo aparte el hombre."

Referencias bíblicas para orar por los hijos

Salmo 127:3 – "He aquí, heredad de Jehová son los hijos: Cosa de estima el fruto del vientre."

Salmo 91:11 – "Pues que á sus ángeles mandará acerca de ti, Que te guarden en todos tus caminos."

Proverbios 22:6 – "Instruye al niño en su carrera: Aun cuando fuere viejo no se apartará de ella."

Lucas 2:52: - " Y Jesús crecía en sabiduría, y en edad, y en gracia para con Dios y los hombres."

Jeremías 29:11 – "Porque yo sé los pensamientos que tengo acerca de vosotros, dice Jehová, pensamientos de paz, y no de mal, para daros el fin que esperáis."

Juan 16:13 – "Pero cuando viniere aquel Espíritu de verdad, él os guiará á toda verdad."

Efesios 6:11 – "Vestíos de toda la armadura de Dios, para que podáis estar firmes contra las asechanzas del diablo."

Proverbios 13:20 – "El que anda con los sabios, sabio será; Mas el que se allega á los necios, será quebrantado."

Isaías 54:13 – "Y todos tus hijos serán enseñados de Jehová; y multiplicará la paz de tus hijos."

Deuteronomio 6:6-7 – "Y estas palabras que yo te mando hoy, estarán sobre tu corazón: Y las repetirás á tus hijos, y hablarás de ellas estando en tu casa, y andando por el camino, y al acostarte, y cuando te levantes."

Referencias bíblicas para romper las maldiciones generacionales y ancestrales

Éxodo 20:5 – "No te inclinarás á ellas, ni las honrarás; porque yo soy Jehová tu Dios, fuerte, celoso, que visito la maldad de los padres sobre los hijos, sobre los terceros y sobre los cuartos, á los que me aborrecen."

Gálatas 3:13 – "Cristo nos redimió de la maldición de la ley, hecho por nosotros maldición; (porque está escrito: Maldito cualquiera que es colgado en madero."

2 Corintios 5:17 – "De modo que si alguno está en Cristo, nueva criatura es: las cosas viejas pasaron; he aquí todas son hechas nuevas."

Nehemías 1:6 – "Esté ahora atento tu oído, y tus ojos abiertos, para oír la oración de tu siervo, que yo hago ahora delante de ti día y noche, por los hijos de Israel tus siervos; y confieso los pecados de los hijos de Israel que hemos contra ti cometido; sí, yo y la casa de mi padre hemos pecado."

Ezequiel 18:20 – "El alma que pecare, esa morirá: el hijo no llevará por el pecado del padre, ni el padre llevará por el pecado del hijo: la justicia del justo será sobre él, y la impiedad el impío será sobre él."

Mateo 18:18 – "De cierto os digo que todo lo que ligareis en la tierra, será ligado en el cielo; y todo lo que desatareis en la tierra, será desatado en el cielo."

Isaías 54:17 – "Toda herramienta que fuere fabricada contra ti, no prosperará; y tú condenarás toda lengua que se levantare contra ti en juicio. Esta es la heredad de los siervos de Jehová, y su justicia de por mí, dijo Jehová."

Éxodo 34:7 – "Que guarda la misericordia en millares, que perdona la iniquidad, la rebelión, y el pecado, y que de ningún modo justificará al malvado; que visita la iniquidad de los padres sobre los hijos y sobre los hijos de los hijos, sobre los terceros, y sobre los cuartos."

Deuteronomio 5:9-10 – "No te inclinarás á ellas ni les servirás: porque yo soy Jehová tu Dios, fuerte, celoso, que visito la iniquidad de los padres sobre los hijos, y sobre los terceros, y sobre los cuartos, á los que me aborrecen, Y que hago misericordia á millares á los que me aman, y guardan mis mandamientos."

Jeremías 31:29-30 - "" En aquellos días no dirán más: Los padres comieron las uvas agraces, y los dientes de los hijos tienen la dentera. Sino que cada cual morirá por su maldad; los dientes de todo hombre que comiere las uvas agraces, tendrán la dentera."

Seguridad bíblica y declaración de fe:

Filipenses 4:19 – "Mi Dios, pues, suplirá todo lo que os falta conforme á sus riquezas en gloria en Cristo Jesús."

Deuteronomio 28:12 – "Abrirte ha Jehová su buen depósito, el cielo, para dar lluvia á tu tierra en su tiempo, y para bendecir toda obra de tus manos. Y prestarás á muchas gentes, y tú no tomarás emprestado."

Jeremías 29:11 – "Porque yo sé los pensamientos que tengo acerca de vosotros, dice Jehová, pensamientos de paz, y no de mal, para daros el fin que esperáis."

Isaías 54:17 – "Toda herramienta que fuere fabricada contra ti, no prosperará; y tú condenarás toda lengua que se levantare contra ti en juicio. Esta es la heredad de los siervos de Jehová, y su justicia de por mí, dijo Jehová."

Joel 2:25 – "Y os restituiré los años que comió la oruga, la langosta, el pulgón, y el revoltón; mi grande ejército que envié contra vosotros."

Salmo 1:3 – "Y será como el árbol plantado junto á arroyos de aguas, Que da su fruto en su tiempo, Y su hoja no cae; Y todo lo que hace, prosperará."

Romanos 8:28 – "Y sabemos que á los que á Dios aman, todas las cosas les ayudan á bien, es á saber, á los que conforme al propósito son llamados."

3 Juan 1:2 – "Amado, yo deseo que tú seas prosperado en todas cosas, y que tengas salud, así como tu alma está en prosperidad."

Proverbios 10:22 – "La bendición de Jehová es la que enriquece, Y no añade tristeza con ella."

Oración contra la oposición en el lugar de trabajo

Isaías 54:17 – "Toda herramienta que fuere fabricada contra ti, no prosperará; y tú condenarás toda lengua que se levantare contra ti en juicio. Esta es la heredad de los siervos de Jehová, y su justicia de por mí, dijo Jehová."

Salmo 27:1 – "Jehová es mi luz y mi salvación: ¿de quién temeré? Jehová es la fortaleza de mi vida: ¿de quién he de atemorizarme?"

Romanos 8:31: "¿Pues qué diremos á esto? Si Dios por nosotros, ¿quién contra nosotros?"

Salmo 37:5-6: "Encomienda á Jehová tu camino, Y espera

en él; y él hará. Y exhibirá tu justicia como la luz, Y tus derechos como el medio día."

Efesios 6:10-11 – "Por lo demás, hermanos míos, confortaos en el Señor, y en la potencia de su fortaleza. Vestíos de toda la armadura de Dios, para que podáis estar firmes contra las asechanzas del diablo."

Salmo 91:1-2 – "El que habita al abrigo del Altísimo, Morará bajo la sombra del Omnipotente. Diré yo á Jehová: Esperanza mía, y castillo mío; Mi Dios, en él confiaré."

Proverbios 21:1 – "Como los repartimientos de las aguas, así está el corazón del rey en la mano de Jehová: A todo lo que quiere lo inclina."

Isaías 41:10 – "No temas, que yo soy contigo; no desmayes, que yo soy tu Dios que te esfuerzo: siempre te ayudaré, siempre te sustentaré con la diestra de mi justicia."

Oración contra la culpa y la vergüenza del pasado y del presente

Salmo 103:12 – "Cuanto está lejos el oriente del occidente, Hizo alejar de nosotros nuestras rebeliones."

Isaías 1:18 – "Venid luego, dirá Jehová, y estemos á cuenta: si vuestros pecados fueren como la grana, como la nieve serán emblanquecidos: si fueren rojos como el carmesí, vendrán á ser como blanca lana."

1 Juan 1:9: "Si confesamos nuestros pecados, él es fiel y justo para que nos perdone nuestros pecados, y nos limpie de toda maldad."

Romanos 8:1 – "Ahora pues, ninguna condenación hay para los que están en Cristo Jesús"

2 Corintios 5:17 – "De modo que si alguno está en Cristo, nueva criatura es: las cosas viejas pasaron; he aquí todas son hechas nuevas."

Hebreos 8:12 – "Porque seré propicio á sus injusticias, Y de sus pecados y de sus iniquidades no me acordaré más."

Miqueas 7:19 – "Él tornará, él tendrá misericordia de nosotros; él sujetará nuestras iniquidades, y echará en los profundos de la mar todos nuestros pecados."

Isaías 54:4 – "No temas, que no serás avergonzada; y no te avergüences, que no serás afrentada: antes, te olvidarás de la vergüenza de tu mocedad, y de la afrenta de tu viudez no tendrás más memoria."

Filipenses 3:13-14 – "Hermanos, yo mismo no hago cuenta de haberlo ya alcanzado; pero una cosa hago: olvidando ciertamente lo que queda atrás, y extendiéndome á lo que está delante, Prosigo al blanco, al premio de la soberana vocación de Dios en Cristo Jesús."

Romanos 5:1: "Justificados pues por la fe, tenemos paz para con Dios por medio de nuestro Señor Jesucristo."

Escrituras contra el abuso de sustancias con referencias bíblicas

Salmo 107:13-14: "Luego que clamaron á Jehová en su angustia, Librólos de sus aflicciones. Sacólos de las tinieblas y de la sombra de muerte, Y rompió sus prisiones."

1 Corintios 6:19-20: "¿O ignoráis que vuestro cuerpo es templo del Espíritu Santo, el cual está en vosotros, el cual tenéis de Dios, y que no sois vuestros? Porque comprados sois por precio: glorificad pues á Dios en vuestro cuerpo y en vuestro espíritu, los cuales son de Dios."

Romanos 12:2 – "Y no os conforméis á este siglo; más reformaos por la renovación de vuestro entendimiento, para que experimentéis cuál sea la buena voluntad de Dios, agradable y perfecta."

Filipenses 4:13 – "Todo lo puedo en Cristo que me fortalece."

2 Corintios 5:17 – "De modo que si alguno está en Cristo, nueva criatura es: las cosas viejas pasaron; he aquí todas son hechas nuevas."

Isaías 41:10 – "No temas, que yo soy contigo; no desmayes, que yo soy tu Dios que te esfuerzo: siempre te ayudaré, siempre te sustentaré con la diestra de mi justicia."

Juan 8:36 – "Así que, si el Hijo os libertare, seréis verdaderamente libres."

Santiago 4:7 – "Someteos pues á Dios; resistid al diablo, y de vosotros huirá."

Pedro 5:10 – "Mas el Dios de toda gracia, que nos llamó a su gloria eterna en Cristo Jesús, después que hayáis padecido un poco de tiempo, él mismo os perfeccione, afirme, fortalezca y establezca."

Jeremías 30:17 – "Mas yo haré venir sanidad para ti, y te sanaré de tus heridas, dice Jehová."

Escrituras contra la adicción a la lujuria, la pornografía, la masturbación, la lascivia, el adulterio y la fornicación.

Salmo 51:10 – "Crea en mí, oh Dios, un corazón puro, y renueva un espíritu recto dentro de mí."

1 Corintios 6:18-20 – "Huid la fornicación. Cualquier otro pecado que el hombre hiciere, fuera del cuerpo es; más el que fornica, contra su propio cuerpo peca. ¿O ignoráis que vuestro cuerpo es templo del Espíritu Santo, el cual está en vosotros, el cual tenéis de Dios, y que no sois vuestros? Porque comprados sois por precio: glorificad pues á Dios en vuestro cuerpo y en vuestro espíritu, los cuales son de Dios."

Romanos 12:2 – "Y no os conforméis á este siglo; más

reformaos por la renovación de vuestro entendimiento, para que experimentéis cuál sea la buena voluntad de Dios, agradable y perfecta."

Mateo 5:28 – "Mas yo os digo, que cualquiera que mira á una mujer para codiciarla, ya adulteró con ella en su corazón."

1 Tesalonicenses 4:3-4 - "Porque la voluntad de Dios es vuestra santificación: que os apartéis de fornicación; Que cada uno de vosotros sepa tener su vaso en santificación y honor."

Gálatas 5:16 – "Digo pues: Andad en el Espíritu, y no satisfagáis la concupiscencia de la carne."

Proverbios 6:32 – "Mas el que comete adulterio con la mujer, es falto de entendimiento: Corrompe su alma el que tal hace."

1 Corintios 10:13 – "No os ha tomado tentación, sino humana: más fiel es Dios, que no os dejará ser tentados más de lo que podéis llevar; antes dará también juntamente con la tentación la salida, para que podáis aguantar."

Santiago 4:7 – "Someteos pues á Dios; resistid al diablo, y de vosotros huirá."

Efesios 6:11 – "Vestíos de toda la armadura de Dios, para que podáis estar firmes contra las asechanzas del diablo."

Escrituras contra el espíritu de la procrastinación y el estancamiento

Filipenses 4:13 – "Todo lo puedo en Cristo que me fortalece."

Proverbios 6:9-11 – "Perezoso, ¿hasta cuándo has de dormir? ¿Cuándo te levantarás de tu sueño? Un poco de sueño, un poco de dormitar, Y cruzar por un poco las manos para reposo: Así vendrá tu necesidad como caminante, Y tu pobreza como hombre de escudo."

Colosenses 3:23-24: "Y todo lo que hagáis, hacedlo de ánimo, como al Señor, y no á los hombres; Sabiendo que del Señor recibiréis la compensación de la herencia: porque al Señor Cristo servís."

Proverbios 12:24 – "La mano de los diligentes se enseñoreará: Mas la negligencia será tributaria."

Isaías 40:31 – "Mas los que esperan á Jehová tendrán nuevas fuerzas; levantarán las alas como águilas; correrán, y no se cansarán; caminarán, y no se fatigarán."

Santiago 1:5 – "Y si alguno de vosotros tiene falta de sabiduría, demándela á Dios, el cual da á todos abundantemente, y no zahiere; y le será dada."

Proverbios 21:5 – "Los pensamientos del solícito ciertamente van á abundancia; Mas todo presuroso, indefectiblemente á pobreza."

Efesios 5:15-16 – "Mirad, pues, cómo andéis avisadamente; no como necios, más como sabios; Redimiendo el tiempo, porque los días son malos."

Romanos 12:11 – "En el cuidado no perezosos; ardientes en espíritu; sirviendo al Señor."

Salmos 90:12 – "Enséñanos de tal modo á contar nuestros días, Que traigamos al corazón sabiduría."

Proverbios 13:4 – "Desea, y nada alcanza el alma del perezoso: Mas el alma de los diligentes será engordada."

Eclesiastés 9:10 – "Todo lo que te viniere á la mano para hacer, hazlo según tus fuerzas; porque en el sepulcro, adonde tú vas, no hay obra, ni industria, ni ciencia, ni sabiduría."

1 Corintios 15:58 – "Así que, hermanos míos amados, estad firmes y constantes, creciendo en la obra del Señor siempre, sabiendo que vuestro trabajo en el Señor no es vano."

Oración de guerra espiritual Escrituras de apoyo

Salmo 91:11 – "Pues que á sus ángeles mandará acerca de ti, Que te guarden en todos tus caminos."

Isaías 54:17 – "Toda herramienta que fuere fabricada contra ti, no prosperará; y tú condenarás toda lengua que se levantare contra ti en juicio. Esta es la heredad de los siervos de Jehová, y su justicia de por mí, dijo Jehová."

1 Juan 1:9 – "Si confesamos nuestros pecados, él es fiel y justo para que nos perdone nuestros pecados, y nos limpie de toda maldad."

Santiago 4:7 – "Someteos pues á Dios; resistid al diablo, y de vosotros huirá."

Gálatas 3:13 - 2 Cristo nos redimió de la maldición de la ley, hecho por nosotros maldición; (porque está escrito: Maldito cualquiera que es colgado en madero."

Hebreos 12:24 – "Y á Jesús el Mediador del nuevo testamento, y á la sangre del esparcimiento que habla mejor que la de Abel."

Romanos 8:37 – "Antes, en todas estas cosas hacemos más que vencer por medio de aquel que nos amó."

Escrituras para la sabiduría, los dones espirituales y el ministerio Referencia bíblica

Santiago 1:5 – "Y si alguno de vosotros tiene falta de sabiduría, demándela á Dios, el cual da á todos abundantemente, y no zahiere; y le será dada."

1 Reyes 3:9 – "Da pues á tu siervo corazón dócil para juzgar á tu pueblo, para discernir entre lo bueno y lo malo."

Proverbios 2:6 – "Porque Jehová da la sabiduría, Y de su boca viene el conocimiento y la inteligencia."

1 Corintios 12:7 – "Empero á cada uno le es dada manifestación del Espíritu para provecho."

1 Corintios 14:1 – "Seguid la caridad; y procurad los dones espirituales, más sobre todo que profeticéis."

1 Corintios 12:10 – "A otro, operaciones de milagros; y á otro, profecía; y á otro, discreción de espíritus; y á otro, géneros de lenguas; y á otro, interpretación de lenguas."

Efesios 4:11-12 – "Y él mismo dió unos, ciertamente apóstoles; y otros, profetas; y otros, evangelistas; y otros, pastores y doctores; Para perfección de los santos, para la obra del ministerio, para edificación del cuerpo de Cristo."

Mateo 28:19-20: "Por tanto, id, y doctrinad á todos los Gentiles, bautizándolos en el nombre del Padre, y del Hijo, y del Espíritu Santo."

Isaías 41:10 – "No temas, que yo soy contigo; no desmayes, que yo soy tu Dios que te esfuerzo: siempre te ayudaré, siempre te sustentaré con la diestra de mi justicia."

Filipenses 4:13 – "Todo lo puedo en Cristo que me fortalece."

ACERCA DEL AUTOR

Robert Mallard es un hombre según el corazón de Dios, un guerrero tanto en lo natural como en lo espiritual. Suboficial retirado del Ejército de los Estados Unidos y condecorado con la Estrella de Bronce, Robert pasó 17 años liderando a soldados en conflictos y crisis. Pero fue caminar con Dios, y no el campo de batalla, lo que le enseñó lo que son la verdadera victoria, la disciplina y la transformación.

Como esposo, padre y mentor espiritual devoto, Robert Mallard siente pasión por ayudar a otros a fortalecer su relación con Dios a través de la oración, el ayuno, la obediencia y la fe. El viaje de su vida, desde los despliegues militares hasta el ministerio, desde el liderazgo hasta el legado, le ha equipado de manera única para enseñar, inspirar y equipar a aquellos que desean caminar más profundamente con el Señor.

En Caminando con Dios, Robert comparte testimonios personales, principios bíblicos y sabiduría ganada con esfuerzo para ayudar a los lectores a navegar por la guerra espiritual, descubrir su identidad divina y caminar con valentía hacia su propósito. Ya sea a través de sus escritos, sus charlas o su labor sin ánimo de lucro, la misión de Robert es clara: formar líderes que caminen con poder, verdad y fe inquebrantable.

Es el fundador de Foundation Honey Co., una organización sin fines de lucro impulsada por el ministerio que empodera a veteranos, jóvenes y comunidades desfavorecidas a través de la apicultura, el espíritu emprendedor y la restauración. Robert vive en Georgia con su esposa, Radiah, y juntos continúan sirviendo a los demás con integridad, humildad y la convicción inquebrantable de que la Palabra de Dios nunca falla.